圖書在版編目(CIP)數據

曾國藩家書 / 曾國藩著.-- 北京：社會科學文獻出版社，2012.8

ISBN 978-7-5097-3527-5

Ⅰ.①曾… Ⅱ.①曾… Ⅲ.①曾國藩(1811-1872) - 書信集 Ⅳ.①K827=52

中國版本圖書館 CIP 數據核字(2012)第 144662 號

ISBN 978-7-5097-3527-5

9 787509 735275 >

曾國藩家書（一函十二册） 綾面錦函

著　　者　(清)曾國藩
出 版 人　謝壽光
出 版 者　社會科學文獻出版社
地　　址　北京市西城區北三環中路甲二十九號院三號樓華龍大廈
郵政編碼　一〇〇〇二九
責任部門　綫裝分社(〇一〇)五九三六七二一五
責任編輯　孫以年　　責任校對　王興紅
經　　銷　社會科學文獻出版社發行部
　　　　　(〇一〇)五九三六七〇八一
　　　　　匯金古籍(北京)文化傳播有限公司
　　　　　(〇一〇)六四三一五一二一
讀者服務　讀者服務中心(〇一〇)五九三六七〇二八
印　　裝　揚州古籍綫裝科技文化有限公司
開　　本　四尺宣　八开
印　　張　九三点二五
版　　次　二〇一二年八月第一版
書　　號　ISBN978-7-5097-3527-5
定　　價　貳仟捌佰圓整

曾國藩家書

社會科學文獻出版社

曾國藩家書

出版説明

曾國藩（一八一一—一八七二），初名子城，字伯涵，後改字滌生，謚文正，出生于湖南長沙府湘鄉縣楊樹坪。晚清重臣，湘軍的創立者和統帥，洋務運動的主要發起者和推動者之一。清朝軍事家、理學家、政治家、書法家、文學家，晚清散文『湘鄉派』創立人。晚清『中興四大名臣』之一。曾國藩一生嚴于治軍、治家、修身、養性，踐行立德、立功、立言的『三不朽』誓言。早年精于學問，立志作聖賢，之後從戎理政，亦有所成，因之被後世視爲道德修養的楷模。但也因其鎮壓太平天國等起義而爲近代志士仁人詬病，因而也是頗爲爭議的人物。近人章太炎稱曾國藩爲『譽之則爲聖相，讞之則爲元凶』。毛澤東曾説：『曾國藩是地主階級最厲害的人物。』蔣介石也把曾國藩奉爲終身學習的楷模，曾親自從『家書』中摘録出許多語録，案頭常備，備誦參悟。

《曾國藩家書》，系作者在道光二十年至同治十年前後寫給祖父母、父母、叔父母、諸弟、妻子及兒輩的家信。在家書不足以展現其人生全貌的地方，編者又選用了他寫給朋友同僚的信爲補充。『家書』中大到進德修業、經邦緯國之道的闡發，小到人際瑣事和家庭生計的指陳，可謂事無巨細，一皆覆載，完整地呈現曾國藩人生軌迹和思想精髓，是曾國藩一生的主要活動和其治政、治家、治學之道的生動反映。

光緒五年（一八七九年），也就是曾國藩死後七年，由李瀚章、李鴻章兄弟整理、編排，湖南傳忠書局刊行《曾文正公家書》（另附家訓兩册）問世，一時成爲世間流傳最廣、影響極深的道德文章，甚至到了每個學子、家庭都要讀曾國藩家書的地步，大有洛陽紙貴之勢。他的門人李鴻章曾感嘆地説：『吾師道德功業，固不待言，即文章學問，亦卓絶一世。』

《家書》行文從容鎮定，形式自由，隨想而到，在平淡家常中蘊育真知良言，具有極强的説服力和感召力。曾氏留傳下來的著作不少，僅一部家書就足以體現他的學識造詣和道德修養，從而贏得了道德文章冠冕一代的盛譽。

本社爲滿足廣大讀者對曾國藩學習、了解和研究的需要，選擇傳忠書局刻本，原貌重新影印，且每卷新編了目録。宣紙、綫裝成書，綾面、錦函，古樸典雅。可誦讀，可研習，可收藏，亦爲饋贈家人親友之極佳禮品。

社會科學文獻出版社

二〇一二年七月

曾國藩家書　卷一

曾國藩家書

曾國藩家書

光緒己卯年傳忠書局栞

曾文正公家書

板存黎家坡遐齡菴

光緒己卯年
傳忠書局栞

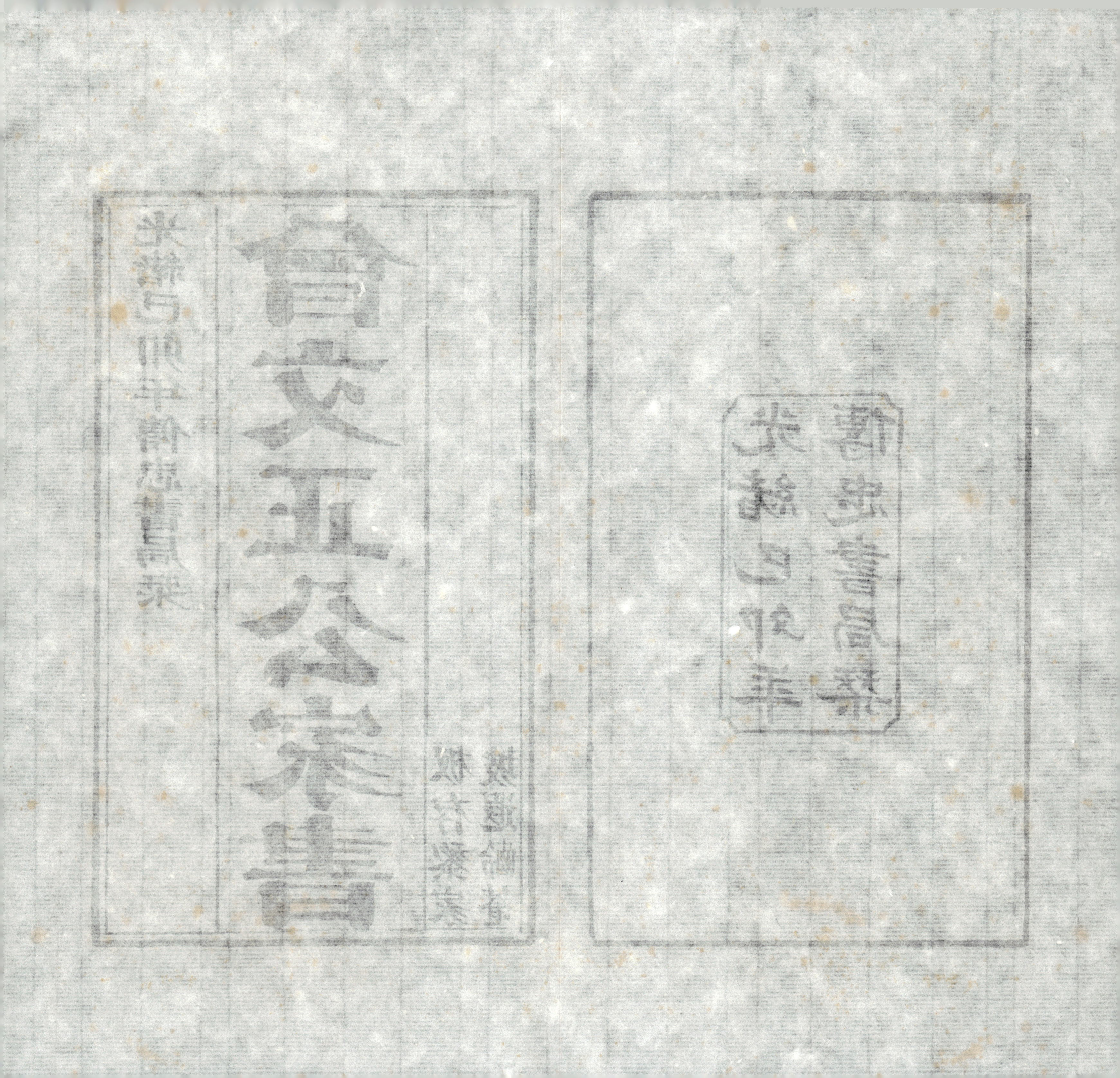

曾文正公家書卷一

道光二十年庚子歲二月初九日

男國藩跪稟父親母親大人膝下去年十二月十六日男在漢口寄家信付湘潭人和紙行不知已收到否後於廿一日在漢口開車二人共僱二把手小車六輛男占三輛半行三百餘里至河南八里汊度歲正月初二日開車初七日至周家口即換大車僱三套邊車二輛每套錢十五千文男占四套朱占二套初九日開車十二日至河南省城拜客耽擱四天獲百餘金十六日起行卽於是日三更趁風平浪靜徑渡黃河廿八日到京一路清吉平安天氣亦好惟過年二天微雪耳到京在長郡會館卸車二月初一日移寓南橫街千佛庵屋四間每月賃錢四千文與梅陳二人居址甚近三人聯會間日一課每課一賦一詩謄眞初八日是湯中堂老師大課題智若禹之行水賦以行所無事則智大矣爲韻詩題賦得池面魚吹柳絮行得吹字三月尚有大課一次同年未到者不過一二人梅陳二人皆正月始到岱雲江南山東之行無甚佳處到京除償債外不過存二三百金又有八口之家男路上用去百金刻下光景頗好接家眷之說鄭小珊現無回信伊若允諾似儘妥妙如其不可則另圖善計或緩一二年亦可因兒子太小故也家中諸事都不罣念惟諸弟讀書不知有進境否須將所作文字詩賦寄一二首

來京丹閣叔大作亦望寄示男在京一切謹愼家中儘可放心

又稟者　大行皇后於正月十一日升遐百日以內禁薙髮期年禁燕會音樂何仙槎年伯於二月初五日溘逝是日男在何家早飯並未聞其大病不數刻而凶問至矣沒後加太子太保銜其次子何子毅已於去年十一月物故自前年出京後同鄉相繼殂逝者夏一卿李高衢楊寶筠三主事熊子謙謝訒菴及何氏父子凡七人光景爲之一變男現愼保身體自奉頗厚季仙九師陞正詹放浙江學政初十日出京廖鈺夫師陞尚書吳甄甫師任福建巡撫朱師徐師靈櫬並已回南矣詹有乾家墨到京竟不可用以膠太重也擬仍付回或退或用隨便接家眷

事三月又有信回家中信來須將本房及各親戚家附載詳明堂上各老人須一一分敘以煩瑣爲貴謹此跪稟萬福金安

道光二十一年辛丑四月十七日

祖父大人萬福金安四月十一日由摺差發第六號家信十六日摺弁又到孫男等平安如常孫婦亦起居維愼曾孫數日內添吃粥一頓因母乳日少飯食難喂每日兩飯一粥今年散館湖南三人皆留全單內共留五十二人僅三人改部屬三人改知縣翰林衙門現已多至百四五十人可謂極盛琦善已於十四日押解到京奉　上諭派親王三人郡王一人軍機大臣大學士六部尚書會同審訊現未定案梅霖生同年因去歲咳嗽

未愈日內頗患咯血同鄉各京官宅皆如故澄侯弟三月初四在縣城發信已經收到正月廿五信至今未接蘭姊以何時分娩是男是女伏望下次示知楚善八叔事不知去冬是何光景如絕無解危之處則二伯祖母將窮迫難堪竟希公之後人將見笑於鄉里矣孫國藩去冬已寫信求東陽叔祖兄弟不知有補益否此事全求祖父大人作主如能救焚拯溺何難噓枯回生伏念祖父平日積德累仁救難濟急孫所知者已難指數如廖品一之孤上蓮叔之妻彭定五之子福益叔祖之母及小羅巷樟樹堂各庵皆代爲籌畫曲加矜恤凡他人所束手無策計無復之者得祖父善爲調停旋乾轉坤無不立即解危而況楚

善八叔同胞之親萬難之時乎孫因念及家事四千里外杳無消息不知同堂諸叔目前光景又念家中此時亦甚艱窘輒敢冒昧饒舌伏求祖父大人寬宥無知之罪楚善叔事如宥說法之處望詳細寄信來京茲逢摺便敬稟一二即跪叩祖母大人萬福金安

道光二十一年五月十八日

男國藩跪稟父親大人萬福金安自閏三月十四日在都門拜送父親嗣後共接家信五封十五日接四弟在漣濱所發信係第二號始知正月信已失矣廿二日接父親在廿里鋪發信四月廿八巳刻接在漢口寄曹穎生家信申刻又接在汴梁寄信

五月十五接父親到長沙發信內有四弟信六弟文章五首諸悉祖父母大人康强家中老幼平安諸弟讀書發奮並喜父親出京一路順暢自京至省僅三十餘日眞極神速男於閏月十六發第五號家信四月十一發六號十七發七號不知家中均收到否邇際男身體如常每夜早眠起亦漸早惟不耐久思思多則頭昏故常冥心於無用優游涵養以謹守父親保身之訓九弟功課有常禮記九本已點完鑑已看至三國斯文精萃詩文各已讀半本詩略進功文章未進功男亦不求速效觀其領悟已有心得大約手不從心耳甲三於四月下旬能行走不須扶持尚未能言無乳可食每日一粥兩飯冢婦身體亦好已有夢熊之喜婢僕皆如故今年新進士龍翰臣得狀元係前任湘鄉知縣見田年伯之世兄同鄉六人得四庶常兩知縣覆試單已於閏三月十六付回茲又付呈殿試朝考全單同鄉京官如故鄭莘田給諫服闋來京梅霖生病勢沉重深爲可慮黎樾喬老前輩處父親未去辭行男已道達此意廣東之事四月十八得捷音茲將抄報付回男等在京自知謹愼堂上各老人不必罣懷家中事蘭姊去年生育是男是女楚善事如何成就伏望示知男謹稟即請母親大人萬福金安

道光二十一年六月初七日

孫男國藩跪稟祖父大人萬福金安五月十八日孫在京發第

八號家信內有六弟文二篇廣東事抄報一紙本年殿試朝考單一紙寄四弟六弟新舊信二封絹寫格言一幅孫國荃寄呈文四篇詩十首字一紙呈堂上稟三紙寄四弟信一封不審已收到否六月初五日接家信一封係四弟四月初十日在省城發得悉一切不勝欣慰孫國藩日內身體平安國荃於廿三日微受暑熱服藥一帖次日即愈初三日復患腹瀉服藥二帖即愈曾孫甲三於廿三日腹瀉不止比請鄭小珊診治次日添請吳竹如皆云係脾虛而兼受暑氣三日內服藥六帖亦無大效廿六日添請本京王醫專服涼藥漸次平復初一二兩日未吃藥刻下病已全好唯脾元尚虧體尚未復孫等自知細心調理觀其行走如常飲食如常不吃藥即可復體堂上不必垂念家孫婦身體亦好婢僕如舊同鄉梅霖生病於五月中旬日日加重十八日上牀廿五日子時仙逝胡雲閣先生亦同日同時同刻仙逝梅霖生身後一切事宜係陳岱雲黎月喬與孫三人料理戊戌同年賻儀共五百兩吳甄甫夫子戊戌總裁進京賻贈百兩將來一概共可張羅千餘金計京中用費及靈柩回南途費不過用四百金其餘尚可周恤遺孤自五月下旬以至六月初諸事殷繁荃孫亦未得讀書六弟前寄文來京尚有三篇孫未暇改廣東事已成功由軍功陞官及戴花翎藍翎者共二百餘人將　上諭抄回前半節其後半截陞官人名未及全抄昨接家

信始知楚善八叔竹山灣田已於去冬歸祖父大人承買八叔之家稍安而我家更窘迫不知祖父如何調停去冬今年如何說法望於家信內詳示孫等在京別無生計大約冬初即須借賬不能備仰事之資寄回不勝愧悚吳春岡分發浙江告假由江南回家七月初起程餘容續稟即稟祖父祖母大人萬福金安孫跪稟

道光二十一年六月廿九日

孫男國藩跪稟祖父大人萬福金安六月初七日發家信第九號廿九日早接丹閣十叔信係正月廿八日發始知祖父大人於二月間體氣違和三月已全愈至今康健如常家中老幼均吉不勝欣幸四弟於五月初九寄信物於彭山屺處至今尚未到大約七月可到丹閣叔信內言去年楚善叔田業賣與我家承管其中曲折甚多添梓坪借錢三百四十千其實祇三百千外四十千係丹閣叔兄弟代出丹閣叔因我家景況艱窘勉強代楚善叔解危將來受累不淺故所代出之四十千自去冬至今不敢向我家明言不特不敢明告祖父即父親叔父之前渠亦不敢直說蓋事前說出則事必不成不成則楚善叔逼迫無路二伯祖母奉養必闕而本房日見凋敗終無安靜之日矣事後說出則我家既受其累又受其欺祖父大人必怒渠更無辭可對無地自容故將此事寫信告知孫男託孫原其不得已之

故轉禀告祖父大人現在家中艱難渠所代出之四十千想無錢可以付渠八月心齋兄南旋孫擬在京借銀數十兩付回家中歸楚此項大約須臘底可到因心齋兄走江南回故也孫此刻在京光景漸窘然當京官者大半皆東扯西支從無充裕之時亦從無凍餓之時家中不必繫懷孫現經管長郡會館事公項存件亦已無幾孫日內身體如恆九弟亦好甲三自五月廿三日起病至今雖全愈然十分之中尚有一二分未盡復舊刻下每日吃炒米粥二餐泡凍米吃二次乳已全無而伊亦要吃據醫云此等乳最不養人因其夜哭甚不能遽斷乳從前發熱煩躁夜臥不安食物不化及一切諸恙此時皆已去盡日日嬉笑好吃現在尚服補脾之藥大約再服四五帖本體全復即可不藥孫婦亦感冒三天鄭小珊云服涼藥後須略吃安胎藥目下亦健爽如常甲三病時孫婦曾於五月廿五日跪許裝修家中觀世音菩薩金身伏求家中今年酬願又言西冲有壽佛神像祖母曾叩許裝修亦係爲甲三而許亦求今年酬謝了願梅霖生身後事辦理頗如意其子可於七月扶櫬回南同鄉各官如常家中若有信來望將王率五家光景寫明肅此謹禀祖父母大人萬福金安

道光二十一年八月初三日

男國藩跪禀父親大人萬福金安五月十八日發家信第八號

知家中已經收到六月初七發第九號內有男呈祖父稟一件
國荃寄四弟信一件七月初二發第十號內有黃芽白菜子不
知俱已收到否男等接得父親歸途三次信一係河間廿里鋪
發一汴梁城發一武昌發又長沙發信亦收到六月廿九接丹
閣叔信七月初九彭山屺到京接到四弟在省所寄經世文編
一部愼詒堂四書周易各一部小皮箱三口有布套龍鬚草席
一牀信一件又叔父手書得悉一切講已修好楚善叔事已有
成局彭山屺處兌錢四十千文外楚善叔信一件岳父信一件
七月廿七日接到家信二件一係五月十五在家寫一係六月
廿七在省寫外歐陽牧雲信一曾香海信一心齋家信二荆七

信一俱收到彭山屺進京道上爲雨泥所苦又值黃河水漲渡
河時大費力行李衣服皆濕惟男所寄書渠收貯箱內全無潮
損眞可感也到京又以臘肉蓮茶送男渠於初九晚到男於十
三日請酒十六日將四十千錢交楚渠於十八日賃住黑市離
城十八里係武會試進場之地男必去送考男在京身體平安
國荃亦如常男婦於六月廿三四感冒服藥數帖全愈又服安
胎藥數帖孫紀澤自病全愈後又服補劑十餘帖辰下體已復
元每日行走歡呼雖不能言已無所不知食粥一大碗不食零
物僕婢皆如常周貴已薦隨陳雲心回南其人蠢而負恩蕭祥
已跟別人男見其老成加錢呼之復來男目下光景漸窘恰有

俸銀接續冬下又望外官例寄炭資今年尚可勉強支持至明年則更難籌畫借錢之難京城與家鄉相仿但不勒追強逼耳前次寄信回家言添梓坪借項內松軒叔兄弟實代出錢四十千男可寄銀回家完清此項近因完彭山屺項又移徙房屋用錢日多恐難再付銀回家男現看定屋在繩匠胡同北頭路東準於八月初六日遷居（初二日已搬一香案去取吉日也）棉花六條胡同之屋王翰城言冬間極不吉且言重慶下者不宜住三面懸空之屋故遂遷移繩匠胡同房每月大錢十千收拾又須十餘千心齋借男銀已全楚渠家中付來銀五百五十兩又有各項出息渠言尚須借銀出京不知信否廣東事前已平息近又傳聞異辭

參贊大臣隆文已病死楊芳已告病回湖南七月間又奉　旨派參贊大臣特依順往廣東查辦八月初一日又奉　旨派玉明往天津哈喂阿往山海關黃河於六月十四日開口汴梁四面水圍幸不淹城七月十六奉　旨派王鼎慧成往河南查辦現聞泛溢千里恐其直注洪澤湖又聞將開捐名豫工例辦河南工程也男已於七月留鬚楚善叔有信寄男係四月寫備言其苦近聞衡陽田已賣應可勉強度日戊戌冬所借十千二百男曾言幇他曾稟告叔父未稟祖父大人是男之罪非渠之過其餘細微曲折時成時否時朋買時獨買叔父信不甚詳明楚善叔信甚詳男不敢盡信總之渠但免債主追逼卽是好處第

目前無屋可住不知何處安身若萬一老親幼子棲託無所則流離四徙尤可憐憫以男愚見可仍使渠住近處斷不可住衡陽求祖父大人代渠謀一安居若有餘貲則佃田耕作又求父親寄信問朱堯階備言楚善光景之苦與男關注之切問渠所管產業可佃與楚善耕否渠若允從則男另有信求堯階租穀須格外從輕但路太遠至少亦須耕六十畝方可了吃堯階壽屏託心齋帶同嚴麗生在湘鄉不理公事簠簋不飭聲名狼籍如查有真實劣蹟或有上案不妨抄錄付京因有御史在男處查訪也但須機密四弟六弟考試不知如何得不足喜失不足憂總以發憤讀書爲主史宜日日看不可間斷九弟閱易知錄

現已看至隋朝溫經須先窮一經一經通後再治他經切不可兼營並騖一無所得厚二總以書熟爲主每日讀詩一首右謹

稟父母親大人萬福金安

道光二十一年八月十七日

男國藩跪稟父母親大人萬福金安八月初三日男發家信第十一號信甚長不審已收到否十四日接家信內有父親叔父並丹閣叔信各一件得悉丹閣叔入泮且堂上各大人康健不勝欣幸男於八月初六日移寓繩匠胡同北頭路東屋甚好共十八間每月房租京錢二十千文前在棉花胡同房甚偪仄此時房屋爽塏氣象軒敞男與九弟言恨不能接堂上各大人來京

有不時言笑否若有信來望詳細示知為幸肅此恭請叔父母大人萬福金安姪率弟國荃謹稟

道光二十一年九月十五日

男國藩跪稟父親大人萬福金安八月十四接家信三件內係得父親信一叔父信一丹閣叔信一十八日男發家信第十二號不知已收到否男等在京身體平安甲三母子如常惟九弟迫思南歸不解何故自九月初間即言欲歸男思再四就論教不明言不知男何處不友遂爾開罪於弟使弟不願同居男勸其明白陳辭萬不可緘藏於心稍存猜疑如男有不是弟宜正容責之婉言導之使男改過自贖再三勸諭弟終無一言如男全無過愆弟須歸侍定省亦宜寫信先告知父親待回信到時家中議令南歸然後擇伴束裝尚未為晚男因弟歸志已決百計阻留勸其多住四十天而弟仍不願欲與逆山屺同歸渠會試罷屆擬九月底南旋現在尚少途費待渠家寄銀來京男目下已告匱九弟若歸途費甚難措辦英夷在浙江滋擾日甚河南水災豫楚一路飢民流多行旅大有戒心詠芝前輩扶櫬南歸行李家件僱一大船頗陝連貫聞非已被擄劫言之可隣九弟年少無知又無大器作伴又無僕從護送先裕又值道上不甚恬靜之際兼此數者所以大不放心萬不令弟歸即家中聞之亦諸放心不下男現在苦留九弟在

此弟若婉從則讀書如故半月內男又有稟呈弟若執拗不從則男當責以大義必不令其獨行自從閏三月以來弟未嘗片語違忤男亦從未加以詞色兄弟極爲湛樂茲忽欲歸男寢饋難安展轉思維不解何故男萬難辭咎父親寄諭來京先責男教書不盡職待弟不友愛之罪後責弟少年無知之罪弟當翻然改寤男教訓不先鞠愛不切不勝戰慄待罪之至伏望父親俯賜懲責俾知悛悔遵守斷不敢怙過飾非致兄弟仍稍有嫌隙男謹稟告家中望無使外人聞知疑男兄弟不睦蓋九弟不過堅執實無絲毫怨男也男謹稟

道光二十一年十月十九日

男國藩跪稟父親大人萬福金安十月十七日接奉在縣城所發手諭知家中老幼安吉各親戚家並皆如常七月廿五由黃恕皆處寄信八月十三日由縣附信寄摺差皆未收到男於八月初三發第十一號家信十八發第十二號九月十六發第十三號不知皆收到否男在京身體平安近因體氣日強每天發奮用功早起温經早飯後讀廿三史下半日閱詩古文每日共可看書八十頁皆過筆圈點若有躭閣則止看一半九弟體好如常但不甚讀書前八月下旬迫切思歸男再四勸慰詢其何故九弟終不明言惟不讀書不肯在上房共飯男因就弟房二人同食男婦獨在上房飯九月一月皆如此弟待男恭敬如常

待男婦和易如常男夫婦相待亦如常但不解其思歸之故男告弟云凡兄弟有不是處必須明言萬不可蓄疑於心如我有不是弟當明爭婉諷我若不聽弟當寫信稟告堂上今欲一人獨歸浪用途費錯過光陰道路艱險爾又年少無知祖父母父母聞之必且食不甘味寢不安枕我又安能放心是萬萬不可也等語又寫書一封詳言不可歸之故共二千餘字又作詩一首示弟弟微有悔意而尚不讀書十月初九男及弟等恭慶壽辰十一日男三十初度弟具酒食肅衣冠爲男祝賀嗣是復在上房四人共飯和好無猜昨接父親手諭中有示荃男一紙言境遇難得光陰不再等語弟始愧悔讀書男教弟千萬言而弟不聽父親教弟數言而弟遽惶恐改悟是知非弟之咎乃男不能友愛不克修德化導之罪也伏求更賜手諭責男之罪俾男得率教改過幸甚男婦身體如常孫男日見結實皮色較前稍黑尚不解語男自六月接管會館公項每月收房租大錢十五千文此項例聽經管支用俟交卸時算出不算利錢男除用此項外每月僅用銀十一二兩若稍省儉明年尚可不借錢比家中用度較奢華祖父母父母不必懸念男本月可補國史館協修官此輪次挨派者嘆夷之事九月十七大勝在福建臺灣生擒夷人一百三十三名斬首三十二名大快人心許吉齋師放甘肅知府同鄉何宅盡室南歸餘俱如故同鄉京官現僅十餘

人敬呈近事餘容續稟男謹稟
又呈附錄詩一首云松柏翳危岩葛藟相鉤帶兄弟匪他人患難亦相賴行酒烹肥羊嘉賓塡門外喪亂一以聞寂寞何人會維鳥有鶺鴒維獸有狼狽兄弟審無猜外侮將予奈願爲同岑石無爲水下瀨水急不可磯石堅猶可礚誰謂百年長倉皇已老大我邁而斯征辛勤共蠶耦來世安可期今生勿玩愒

道光二十一年十一月十九日

孫男國藩荃跪稟祖父母大人萬福金安十一月初二日孫發家信第十五號外小鞋四雙由寶慶武舉唐君帶至湘鄉縣城羅宅大約新正可到十五日戌刻孫婦產生一女是日孫婦飲食起居如故更初始作勢二更卽運生極爲平安寓中所僱僕婦因其才悍已於先兩日遣去亦未請穩婆其斷臍洗三諸事皆孫婦親自經手曾孫甲三於初十日傷風十七日大愈現已復元係鄭小珊醫治孫等在京身體如常同鄉李碧峰在京孫憐其窮苦無依接在宅內居住新年可代伊找館也謹稟

道光二十一年十二月二十一日

男國藩跪稟父母親大人萬福金安十一月十八男有信寄呈寫十五日生女事不知到否昨十二月十七日奉到手諭知家中百凡順遂不勝欣幸男等在京身體平安孫男孫女皆好現在共用四人荆七專抱孫男以春梅事多不能兼顧也孫男每日

遠故燻腊肘回此間現燻有腊肉猪舌猪心腊魚之類與家中無異知有便附物來京望附茶葉大布而已茶葉須託朱堯階清明時在永豐買則其價亦廉茶葉亦好家中之布所爭此間為用甚大但家中費用窘迫無錢辦此耳同縣李碧峰苦不堪言男代為張羅已覓得館每月學俸錢三兩在男處將住三月所費無幾而彼則感激難名館地現尚未定大約可成在京一切自知謹慎叩請

父母親大人萬福金安

道光二十三年正月十八日

男國藩跪禀

父母親大人萬福金安新正初七日男發第一號家信並寄補一方託郭谷吉先生交彭山屺轉寄不知到否去年臘月十九發家信內共信十條封想已到矣初七日信係男荃代書初八早男兄弟率合寓上下焚香祝壽下半日荃弟患病發熱畏寒遍身骨節痛脇氣疼痛次早請小珊診係時疫症連日服藥現已大愈小珊云凡南人素陰虛者入京多患此症從前彭棣樓夫婦皆患此症羅蘇溪勞辛階鄭小珊周華甫亦曾有此病男庚子年之病亦是此症其治法不外滋陰祛邪二者兼顧九弟此次之病又兼肝家有鬱故病勢來得甚陡自初八至十三脇氣疼痛呻吟之聲震屋瓦男等日夜靡寧初九即請吳竹如醫治連日共請四醫總以竹如為主小珊為輔十四日脇痛已止肝火亦平十五日已能食粥日減日退

現在微有邪熱在胃小珊云再過數日邪熱袪盡即可服補劑
本月盡當可復體還元男自已亥年進京庚子年自身大病辛
丑年孫兒病今年九弟病仰託祖父母父母福蔭皆保萬全何
幸如之因此思丁酉春祖父之病男不獲在家伏侍至今尚覺
心悸九弟意欲於病起復體後歸家男不敢復留待他全好時
當借途費擇良伴令其南歸大約在三月起行唉逆去秋在浙
滋擾冬閒無甚動作若今春不來天津或來而我師全勝使彼
片帆不返則社稷蒼生之福也黃河決口去歲動工用銀五百
餘萬業已告竣臘底又復決口湖北崇陽民變現在調兵勦辦
當易平息餘容續稟男謹呈

道光二十二年二月二十四日

男國藩跪稟父親大人萬福金安正月十七日發第二號家信
不知已收到否男身體平安男婦亦如常九弟之病自正月十
六日後日見強旺二月一日開葷現已全復元矣二月以來日
日習字甚有長進男亦常習小楷以爲明年考差之具近來改
臨智永千字文帖不復臨顏柳二家帖以不合時宜故也孫男
身體甚好每日佻達歡呼曾無歇息孫女亦好浙江之事聞於
正月底交戰仍爾不勝去歲所失寧波府城定海鎮海二縣城
尚未收復唉夷滋擾以來皆漢奸助之爲虐此輩食毛踐土喪
盡天良不知何日罪惡貫盈始得聚而殲滅湖北崇陽縣逆賊

鍾人杰為亂攻占崇陽通城二縣裕制軍即日撲滅將鍾人杰及逆黨檻送京師正法餘孽俱已拔盡鍾逆倡亂不及一月黨羽姻屬皆伏天誅黃河去年決口昨已合龍大功告成矣九弟前病中思歸近因難覓好伴且聞道上有虞是以不復作歸計弟自病好後亦安心不甚思家李碧峰在寓住三月現已找得館地在唐同年李杜家教書每月俸金二兩月費一千男於二月初配丸藥一料重三斤約計費錢六千文男等在京謹慎望

父母親大人放心男謹稟

道光二十二年三月十一日

男國藩跪稟父母親大人萬福金安二月廿三日發家信第三號

不知已收到否正月所寄鹿脯想已到三月初奉大人正月十二日手諭具悉一切又知附有布疋臘肉等在黃茀卿處第不知黃氏兄弟何日進京又不知家中係專人送至省城抑託人順帶也男在京身體如常男婦亦清吉九弟體已復元前二月間因其初愈每日只令寫字養神三月以來仍理舊業依去年功課未服補劑男分丸藥六兩與他喫因年少不敢峻補孫男女皆好擬於三月間點牛痘此間牛痘局係廣東京官請名醫設局積德不索一錢萬無一失男近來每日習帖不多看書同年邀為試帖詩課十日內作詩五首用白摺寫好公評以為明年考差之具又吳子序同年有兩弟在男處附課看文又金臺

[illegible]

謹呈父親大人[illegible]心謹稟

道光二十二年三月十一日

男[illegible]跪稟父親大人萬福金安二月廿二日[illegible]第三號

[illegible]

書院每月月課男亦代人作文因久荒制藝不得不略爲温習此刻光景已窘幸每月可收公項房錢十五千外些微挪借即可過度京城銀錢比外間究爲活動家中去年澈底澄清餘債無多此眞可喜蕙妹僅存錢四百千以二百在新窖食租不知住何人屋負薪汲水又靠何人牽五素來文弱何能習勞後有家信望將蕙妹家事瑣細詳書餘容後稟男謹呈

道光二十二年四月廿七日

孫男國藩跪稟祖父大人萬福金安三月十一日發家信第四號四月初十廿三發第五號第六號後兩號皆寄省城陳家因寄有銀葠筆帖等物待諸弟晉省時當面去接四月廿一日接

壬寅第二號家信內祖父父親叔父手書各一兩弟信並詩文俱收伏讀祖父手諭字迹與早年相同知精神較健家中老幼平安不勝欣幸遊子在外最重惟平安二字承叔父代辦壽具兄弟感恩何以圖報湘潭帶漆必須多帶此物難辨眞假不可邀人去同買反有奸弊在省考試時與朋友問看漆之法多問則必能知一二若臨買時向紙行邀人同去則必吃虧如不知看漆之法則今年不必買太多待明年講究熟習再買不遲今年漆新壽具之時祖父母壽具必須加漆以後每年加漆一次四具同加約計每年漆錢多少寫信來京孫付至省城甚易此事萬不可從儉子孫所爲報恩之處惟此最爲切實其餘皆虛

文也孫意總以厚漆爲主由一層以加至數十層愈厚愈堅不必多用瓷灰夏布等物恐其與漆不相膠黏歷久而脫殼也然此事孫未嘗經歷講究不知如何而後盡善家中如何辦法望四弟詳細寫信告知更望叔父教訓諸弟經理家心齋兄去年臨行時言到縣即送銀廿八兩至我家孫因十叔所代之錢恐家中年底難辦故向心齋通挪因渠曾挪過孫的今渠旣未送來則不必向渠借也家中目下敷用不缺此孫所第一放心者孫在京已借銀二百兩此地通挪甚易故不甚窘迫恐不能顧家耳曾孫姊妹二人體甚好四月廿三日已種牛痘牛痘萬無一失係廣東京官設局濟活貧家嬰兒不取一錢玆附回種法

一張敬呈慈覽湘潭長沙皆有牛痘公局可惜鄉間無人知之暎夷去年攻占浙江甯波府及定海鎭海兩縣今年退出甯波攻占乍浦極可痛恨京城人心安靜如無事時想不日可殄滅也孫謹稟

道光二十二年六月初十日

孫男國藩跪稟祖父母大人萬福金安四月廿七日呈家信第七號內共四信不知已收到否孫兄弟在京平安孫婦身體如常曾孫兄妹二人種痘後現花極佳男種六顆出五顆女種四顆出三顆並皆淸吉寓內上下平善逆夷海氛甚惡現在江蘇滋擾寶山失守官兵退縮不前反在民間騷擾不知何日方可邉

文也孫之意謂以為本末由主由一曾以加重故十會俱慾不
泛多用錢文則有得何況其事不相懸殊人而服窮地孫
此事孫未言錢應善究不知亦而後盡言來中如何辦法孫當
西弟詳細寫信告知更望叔父教訓諸弟照罄素小諸兄大注
臨行時稍言到縣即送錢十人而奉丈家孫附十兩所代之錢應
家中年底錢辦放向心齋通挪因家中鄉設孫附今來館未遠
來則不必向渠借也家中日下散用不敢此孫所寄一二次足者
縣在京已借銀二百兩此地通鄉其數以歲小往賞通不能兩
陳耳曾孫媳孫二人體甚好四月廿三日已經十一歲半邁西無
一夫人係廣東京言設局發貨賣要見不取一錢孫附回書送

一渠族早詩思湘潭未熟秀有十宦令局可皆辦開樂人知之
英夷去年攻占浙江寧波府及定海鎮海兩縣今年退出寧波
又占乍浦泰可清東京城人心安靜如無事時想不日可後滅
也孫謹稟
道光二十三年六月初十日
孫男國藩跪稟祖父大人萬福金安四月十七日呈家信第七
號內共四信不知已收到否孫兄弟在京平安孫身體如常
曾孫兄妹二人種痘後現花極佳六顆出五顆六種兩顆
出三顆並未請醫服藥上下平善逆夷滋甚恐現在江蘇撫
擾寶山大寨已失陷不論在天門縣不知何日方可蕩

平天津防堵甚嚴或可無慮同鄉何子貞全家住南京闆又將進京謝果堂太守興嶢於六月初進京意欲捐復多恐不能鄭華田世任放貴州貴西道黎樾喬轉京畿道同鄉京官絕少孫在京光景雖艱而各處通挪從無窘迫之時但不能寄貲回家以奉甘旨之需時深愧悚前寄書徵一表叔言將代作墓誌刻下實無便可寄蕙妹移居後究不知光景如何孫時常罣念若有家信來京望詳明書示孫在京自當謹慎足以仰慰慈廑孫謹稟

道光二十二年七月初四日

男國藩跪稟父母親大人萬福金安六月廿八日接到家書係三月廿四日所發知十九日四弟得生子男等合室相慶四妹生產雖難然血暈亦是常事且此次既能保全則下次較爲容易男未得信時常以爲慮既得此信如釋重負六月底我縣有人來京捐官王道隆渠在甯鄉界住言四月縣考時渠在城內並在彭興岐雲門寺丁信風兩處面悟四弟六弟知案首是吳定五男十三年在陳氏宗祠讀書定五纔發蒙作起講在楊畏齋處受業去年聞吳春岡說定五甚爲發奮今果得志可謂成就甚速其餘前十名及每場題目渠已忘記後有信來乞四弟寫出四弟六弟考運不好不必罣懷俗語云不怕進得遲只要中得快從前邵丹畦前輩甲名四十三歲入學五十二歲作學政

現任廣西藩臺汪朗渠鳴相於道光十二　學十三年點狀元阮芸臺元前輩於乾隆五十三年縣府試皆未取頭場即於其年入學中舉五十四年點翰林五十五年留館五十六年大考第一比放浙江學政五十九年陞浙江巡撫些小得失不足患特患業之不精耳兩弟場中文若得意可將原卷領出寄京若不得意不寄可也男等在京平安紀澤兄妹二人體甚結實皮色亦黑逆夷在江蘇滋擾於六月十一日已陷鎮江有大船數十隻在大江遊弈江甯揚州二府頗可危慮然而天不降災聖人在上故京師人心鎮定同鄉王翰城繼賢黔陽人中書科中書告假出京男與陳岱雲亦擬送家眷南旋與鄭莘田王翰城四家同隊出京夔名世白紀事中現放貴州貴西道男與陳家本於六月底定計後於七月初一請人扶乩男紙錄出大仙示語似可不必輕舉妄動是以中止現在男與陳家仍不送家眷回南也同縣謝果堂先生興嶢來京為其次子捐鹽大使男已請至寓陪席其世兄與王道隆尚未請擬得便亦須請一次正月間俞岱青先生出京男寄有鹿脯一方託找彭山屺轉寄俞後託謝吉人轉寄不知到否又四月託李昺岡榮燦寄銀寄筆託曹西垣寄蔆並交陳季收處不知到否前父親教男養鬚之法男僅留上唇鬚不能用水浸透色黃者多黑者少下唇擬待三十六歲始留男每接家信嫌其不詳嗣後更願詳示男謹稟

道光二十二年八月初一日

孫男國藩跪稟祖父大人萬福金安七月初五日發第九號信內言六月廿四後孫與岱雲意欲送家眷回南至七月初一謀之於神乃決計不送初五日發信後至初八日九弟仍思南歸其意甚堅不可挽回與孫商量孫即不復勸阻九弟自從去年四月父親歸時即有思歸之意至九月間則歸心似箭孫苦苦細問終不明言其所以然年少無知大抵厭常而喜新未到京則想京既到京則想家在所不免又家中僕婢或對孫則恭敬對弟則簡慢亦在所不免孫於去年決不許他歸嚴責曲勸千言萬語弟亦深以爲然幾及兩月乃決計不歸今年正月病中

又思歸孫即不敢復留矣三月復元後弟又自言不歸四五六月讀書習字一切如常至六月底因孫有送家眷之說而弟之歸興又發孫見其意是爲遠離膝下思歸盡服事之勞且逆夷滋擾外間訛言可畏雖明知蕞爾螳臂不足以當車轍而九弟既非在外服官即宜在家承歡非同有職位者聞警而告假使人笑其無膽罵其無義也且歸心既動若强留在此則心如懸旌不能讀書徒廢時日兼此數層故孫此即定計打發他回不復禁阻恰好鄭莘田先生名世任長沙人癸酉拔貢小京官由御史升給事中現放貴西兵備道將去貴州上任迂道走湖南省城定於十六日起程孫即將九弟託他結伴同行此係初八九起議十四日始決計即於數日

內將一切貨物辦齊十五日僱車鄭宅大車七輛渠已於十九三日僱定弟僱轎車一輛價錢二十七千文時價轎車本只要二十三千孫見車店內有頂好官車一輛牲口亦極好其車較常車大二寸深一尺坐者最舒拂故情願多出大錢四千恐九弟在道上受熱生病僱底下人名向澤其人新來未知好歹觀其光景似尚有良心者昨九弟出京七日在任邱縣寄信來京云向澤伺候甚好十六日未刻出京孫送至城外廿里見道上有積潦甚多孫大不放心恐路上有翻車陷車等事深爲懊悔廿三日接到弟在途中所發信始稍放心茲將九弟原信附呈孫交九弟途費紋銀三十二兩整先日交車行上腳大錢十三千五百文及上車現大錢六千文兩項在外外買貨物及送人東西另開一單九弟帶回外封銀十兩敬奉堂上六位老人喫肉之貲孫對九弟云萬一少途費即挪此銀亦可若到家後斷不可以他事借用此銀然途費亦斷不至少也向澤訂工費大錢二千文已在京交楚鄭家與九弟在長沙分隊孫囑其在省換小船到縣向澤即在縣城開銷他向澤意欲送至家如果至家留住幾日打發求祖父隨時斟酌九弟自到京後去年上半年用功甚好六月因甲三病躭擱半月餘九月弟欲歸不肯讀書躭擱兩月今春弟病躭擱兩月其餘工夫或作或輟雖多間斷亦有長進計此一年半之中惟書法進功最大外此則看綱鑑卅六本讀禮記四本讀周禮一本讀斯文精萃兩本半因周禮讀不熟故換讀精萃作文六十餘篇讀文三十餘首父親出京後孫未嘗按期改文未嘗講書未能按期點詩文此孫之過無所逃罪者也讀文作文全不用心

凡事無恆屢責不改此九弟之過也好與弟談倫常講品行使之擴見識立遠志目前已頗識爲學之次第將來有路可循此孫堪對祖父者也待兄甚敬待姪輩甚慈循規蹈矩一切匪彝慆淫之事毫不敢近舉止大方性情摯厚此弟之好處也弟有最壞之處在於不知艱苦年紀本輕又未嘗辛苦宜其不知再過幾年應該知道九弟約計可於九月半到家孫恐家中駭異疑兄弟或有嫌隙致生憂慮故將在京出京情形述其梗概至瑣細之故九弟到家詳述使堂上大人知孫兄弟絕無纖介之隙也孫身體如常惟常耳鳴不解何故孫婦及曾孫兄妹二人皆好丫鬟因其年已長其人太蠢已與媒婆兌換一箇（京城有官媒婆凡買妾買婢皆出他經紀）彼此不找一錢此婢名雙喜天津人年十三歲貌比春梅更陋而略聰明寓中男僕皆如故同縣謝果堂先生爲其子捐鹽大使王道隆（王恆信之姪）捐府經歷黃鑑之子捐典史以外無人孫在京一切自宜謹慎伏望堂上大人放心孫謹稟

道光二十二年八月十二日

男國藩跪稟父母親大人萬福金安八月初二日發第十號家信內載九弟南旋事甚詳不審到否九弟自七月十六出京廿三即有信來京嗣後在道上未發信來刻下想已到樊城矣不知道上果平安否男實難放心黃河決口百九十餘丈在江南桃源縣之北爲（患）較去年河南不過三分之一逆夷在江南半月

內無甚消息大約和議已成同縣有黃鑑者爲口外宣化巡檢去年回家在湘鄉帶一老媽來京因使用不合仍託人攜帶南歸現寄居男寓求男代覓地方附回途費則黃自出謝果堂先生已於八月初六出京住京兩月與男極相投洽臨別依依難捨同鄉如唐鏡海俞岱青謝果堂三前輩皆老成典型於男皆青眼相待何子貞全家皆已來京男婦及孫男女身體如常此次摺差於七月十六在省起身想父親彼時尚在省城不知何以無信陳岱雲家信言學院十六封門四弟六弟府考渠亦不知彭王姑墓誌銘九弟起程時倉卒未及寫今寫畢又無便寄求告知徵一表叔正月十二所辦壽具不知已漆否萬不可用黃二漆匠此人男深惡之他亦不肯盡心也彭宮五亦不可用彼未學過且太遲鈍餘俟續稟男謹稟

道光二十二年九月十七日

孫男國藩跪稟祖父母大人萬福金安九月十三日接到家信係七月父親在省所發內有叔父信及歐陽牧雲致函知祖母於七月初三日因佔犯致恙不藥而愈可勝欣幸高麗參足以補氣然身上稍有寒熱服之便不相宜以後務須斟酌用之若微覺感冒即忌用此物平日康彊時和入丸藥內服最好然此時家中想已無多不知可供明年一單丸藥之用否若其不足須寫信來京以便覓便寄回四弟六弟考試又不得志頗難爲懷

然大器晚成堂上不必以此置慮聞六弟將有夢熊之喜幸甚近叔父爲嬸母之病勞苦憂鬱有懷莫宣今六弟一索得男則叔父含飴弄孫瓜瓞日蕃其樂何如唐鏡海先生德望爲京城第一其令嗣極孝亦係兄子承繼者先生今年六十五歲得生一子人皆以爲盛德之報英夷在江南撫局已定蓋金陵爲南北咽喉逆夷既已扼吭而據要害不得不權爲和戎之策以安民而息兵去年逆夷在廣東曾經就撫其費去六百萬兩此次之費外間有言二千一百萬者又有言此項皆勸紳民捐輸不動帑藏者皆不知的否現在夷船已全數出海各處防海之兵陸續撤回天津亦已撤退議撫之使係伊里布耆英及兩江總督牛鑑三人牛鑑有失地之罪故撫局成後即革職拿問伊里布去廣東代弈山爲將軍耆英爲兩江總督自英夷滋擾已歷二年將不知兵兵不用命於國威不無少損然此次議撫實出於不得已但使夷人從此永不犯邊四海晏然安堵則以大事小樂天之道孰不以爲上策哉孫身體如常孫婦及曾孫兄妹並皆平安同縣黃曉潭（鑑）薦一老媽吳姓來渠在湘鄉苦請他來而其妻凌虐婢僕百般慘酷葢求孫代爲開脫孫接至家住一月轉薦至方夔卿太守（宗鈞）處託其帶回湖南大約明春可到湘鄉今年進學之人孫見題名錄僅認識彭惠田一人不知廿三四都進人否謝寬仁吳光煦取一等皆少年可慕一等第

一題名錄刻黃生平不知即黃星平否孫每接家信常嫌其不詳以後務求詳明雖鄉閒田宅婚嫁之事不妨寫出使遊子如神在里門各族戚家尤須一一示知幸甚敬請祖父母大人萬安餘容後呈孫謹稟

道光二十二年九月十八日

四位老弟足下九弟行程計此時可以到家自任邱發信之後至今未接到第二封信不勝懸懸不知道上不甚艱險否四弟六弟院試計此時應有信而摺差久不見來實深懸望予身體較九弟在京時一樣總以耳鳴爲苦問之吳竹如云只有靜養一法非藥物所能爲力而應酬日繁予又素性浮躁何能著實養靜擬搬進內城住可省一半無謂之往還現在尚未找得予時時自悔終未能洗滌自新九弟歸去之後予定剛日讀經柔日讀史之法讀經常懶散不沉著讀後漢書現已丹筆點過八本雖全不記憶而較之去年讀前漢書領會較深九月十一日起同課人議每課一文一詩即於本日申刻用白摺寫予文詩極爲同課人所贊賞然予於八股絕無實學雖感諸君獎借之殷實則自愧愈深也待下次摺差來可付課文數篇回家予居家懶做考差工夫即借此課以摩厲考具或亦不至臨場窘迫耳吳竹如近日往來極密來則作竟日之談所言皆身心國家大道理渠言有竇蘭泉者垿雲南人見道極精當平實竇亦深知予

者彼此現尚未拜往竹如必要予搬進城住蓋城內鏡海先生可以師事倭艮峯先生竇蘭泉可以友事師友夾持雖懦夫亦有立志子思朱子言爲學譬如熬肉先須用猛火煮然後用漫火温予生平工夫全未用猛火煮過雖略有見識乃是從悟境得來偶用功亦不過優游玩索已耳如未沸之湯遽用漫火温之將愈煮愈不熟矣以是急思搬進城內屏除一切從事於克己之學鏡海艮峯兩先生亦勸我急搬而城外朋友予亦有思常見者數人如邵蕙西吳子序何子貞陳岱雲是也蕙西嘗言與周公瑾交如飲醇醪我兩人頗有此風味故每見輒長談不捨子序之爲人予至今不能定其品然識見最大且精嘗教我云用功譬若掘井與其多掘數井而皆不及泉何若老守一井力求及泉而用之不竭乎此語正與予病相合蓋予所謂掘井多而皆不及泉者也何子貞與予講字極相合謂我真知大源斷不可暴棄予嘗謂天下萬事萬理皆出於乾坤二卦即以作字論之純以神行大氣鼓盪脈絡周通潛心內轉此乾道也結構精巧向背有法修短合度此坤道也凡乾以神氣言凡坤以形質言禮樂不可斯須去身即此道也樂本於乾禮本於坤作字而優游自得真力彌滿者即樂之意也絲絲入扣轉折合法即禮之意也偶與子貞言及此子貞深以爲然謂渠生平得力盡於此矣陳岱雲與吾處處痛癢相關此九弟所知者也寫至

此接得家書知四弟六弟未得入學悵悵然科名有無遲早總由前定絲毫不能勉强吾輩讀書只有兩事一者進德之事講求乎誠正修齊之道以圖無忝所生一者修業之事操習乎記誦詞章之術以圖自衛其身進德之事難以盡言至於修業以衛身吾請言之衛身莫大於謀食農工商勞力以求食者也士勞心以求食者也故或食祿於朝教授於鄉或爲傳食之客或爲入幕之賓皆須計其所業足以得食而無愧科名者食祿之階也亦須計吾所業將來不至尸位素餐而後得科名而無愧食之得不得窮通由天作主予奪由人作主業之精不精則由我作主然吾未見業果精而終不得食者也農果力耕雖有饑

饉必有豐年商果積貨雖有壅滯必有通時士果能精其業安見其終不得科名哉即終不得科名又豈無他途可以求食者哉然則特患業之不精耳求業之精別無他法曰專而已矣諺曰藝多不養身謂不專也吾掘井多而無泉可飲不專之咎也諸弟總須力圖專業如九弟志在習字亦不必盡廢他業但每日習字工夫斷不可不提起精神隨時隨事皆可觸悟四弟六弟吾不知其心有專嗜否若志在窮經則須專守一經志在作制義則須專看一家文稿志在作古文則須專看一家文集作各體詩亦然作試帖亦然萬不可以兼營並騖兼營則必一無所能矣切囑切囑千萬千萬此後寫信來諸弟各有專守之業

務須寫明且須詳問極言長篇累牘使我讀其手書即可知其
志向識見凡專一業之人必有心得亦必有疑義諸弟有心得
可以告我共賞之有疑義可以問我共析之且書信既詳則四
千里外之兄弟不啻晤言一室樂何如乎生平於倫常中惟
兄弟一倫抱愧尤深蓋　父親以其所知者盡以教我而我不
能以吾所知者盡教諸弟是不孝之大者也九弟在京年餘進
益無多每一念及無地自容嗣後我寫諸弟信總用此格紙弟
宜存留每年裝訂成冊其中好處萬不可忽略看過諸弟寫信
寄我亦須用一色格紙以便裝釘謝果堂先生出京後來信并
詩二首先生年已六十餘名望甚重與予見面輒彼此傾心別

後又拳拳不忘想見老輩愛才之篤茲將詩并予送詩附閱
鄉里中使共知此老為大君子也予有大銅尺一方屢尋不得
九弟已帶歸否頻年寄黃英白菜子家中種之好否在省時已
買漆否漆匠果用何人信來并所詳示兄國藩手具

道光二十二年十月二十六日

男國藩跪稟父親大人萬福金安十月廿三奉到手諭敬悉一
切鄰小事處小隙已解男從前於過失每自忽略自十月以來
念念改過雖小必懲其詳具載示弟書中耳鳴近日略好然微
勞卽鳴每日除應酬外不能不略自用功雖欲節勞實難再節
手諭示以節勞節欲節飲食謹當時時省記蕭辛五先生處書

信不識靠得住否龍翰臣父子已於十月初一日到京布疋線索俱已照單收到惟茶葉尚在黃恕皆處恕皆有信與男本月可到也男婦等及孫男女皆平安餘詳與弟書謹稟

道光二十二年十月廿六日

十月廿一接九弟在長沙所發信內途中日記六葉外藥子一包廿二接九月初二日家信欣悉以慰自九弟出京後余無日不憂慮誠恐道路變故多端難以臆揣及讀來書果不出吾所料千辛萬苦始得到家幸哉幸哉鄭伴之不足恃余早已知之矣郁滋堂如此之好余實不勝感激在長沙時曾未道及彭山屺何也又爲 祖母買皮襖極好極好可以補吾之過矣觀四

弟來信甚詳其發奮自勵之志溢於行間然必欲找館出外此何意也不過謂家塾離家太近容易耽擱不如出外較清淨耳然出外從師則無甚耽閣若出外教書其耽閣更甚於家塾矣且苟能發奮自立則家塾可讀書即曠野之地熱鬧之場亦可讀書負薪牧豕皆可讀書苟不能發奮自立則家塾不宜讀書即清淨之鄉神仙之境皆不能讀書何必擇地何必擇時但自問立志之真不真耳六弟自怨數奇余亦深以爲然然屈於小試輒發牢騷吾竊笑其志之小而所憂之不大也君子之立志也有民胞物與之量有內聖外王之業而後不忝於父母之生不愧爲天地之完人故其爲憂也以不如舜不如周公爲憂也

以德不修學不講爲憂也是故頑民梗化則憂之蠻夷猾夏則憂之小人在位賢才否閉則憂之匹夫匹婦不被己澤則憂之所謂悲天命而憫人窮此君子之所憂也若夫一身之屈伸一家之飢飽世俗之榮辱得失貴賤毀譽君子固不暇憂及此也六弟屈於小試自稱數奇余竊笑其所憂之不大也蓋人不讀書則已亦既自名曰讀書人則必從事於大學大學之綱領有三明德新民止至善皆我分內事也若讀書不能體貼到身上去謂此三項與我身了不相涉則讀書何用雖使能文能詩博雅自詡亦只算得識字之牧猪奴耳豈得謂之明理有用之人也乎　朝廷以制藝取士亦謂其能代聖賢立言必能明聖賢

之理行聖賢之行可以居官蒞民整躬率物也若以明德新民爲分外事則雖能文能詩而於修己治人之道實茫然不講朝廷用此等人作官與用牧猪奴作官何以異哉然則既自名爲讀書人則大學之綱領皆己身切要之事明矣其條目有八自我觀之其致功之處則僅二者而已曰格物曰誠意格物致知之事也誠意力行之事也物者何卽所謂本末之物也身心意知家國天下皆物也天地萬物皆物也日用常行之事皆物也格者卽物而窮其理也如事親定省物也究其所以當定省之理卽格物也事兄隨行物也究其所以當隨行之理卽格物也吾心物也究其存心之理又博究其省察涵養以存心之理卽

格物也吾身物也究其敬身之理又博究其立齊坐尸以敬身之理卽格物也每日所看之書句句皆物也切己體察窮究其理卽格物也此致知之事也所謂誠意者卽其所知而力行之是不欺也知一句便行一句此力行之事也此二者並進下學在此上達亦在此吾友吳竹如格物工夫頗深一事一物皆求其理倭艮峯先生則誠意工夫極嚴每日有日課冊一日之中一念之差一事之失一言一默皆筆之於書書皆楷字三月則訂一本自乙未年起今三十本矣蓋其愼獨之嚴雖妄念偶動必卽時克治而著之於書故所讀之書句句皆切身之要藥茲將艮峯先生日課鈔三葉付歸與諸弟看余自十月初一日起

亦照艮峯樣每日一念一事皆寫之於冊以便觸目克治亦寫楷書馮樹堂與余同日記起亦有日課冊樹堂極爲虛心愛我如兄敬我如師將來必有所成余向來有無恆之弊自此亦寫日課本子起可保終身有恆矣蓋明師益友重重夾持能進不能退也本欲鈔余日課冊付諸弟閱因今日鏡海先生來要將本子帶回去故不及鈔十一月有摺差准鈔幾葉付回也余之益友如倭艮峯之瑟僩令人對之肅然吳竹如竇蘭泉之精義一言一事必求至是吳子序邵蕙西之談經深思明辨何子貞之談字其精妙處無一不合其談詩尤最符契子貞深喜吾詩故吾自十月來已作詩十八首茲鈔二葉付回與諸弟閱馮樹

堂陳岱雲之立志汲汲不遑亦良友也鏡海先生吾雖未嘗執贄請業而心已師之矣吾每作書與諸弟不覺其言之長想諸弟或厭煩難看矣然諸弟苟有長信與我我實樂之如獲至寶人固各有性情也余自十月初一日起記日課念念欲改過自新思從前與小珊有隙實是一朝之忿不近人情即欲登門謝罪恰好初九日小珊來拜壽是夜余即至小珊家久談十三日與岱雲合夥請小珊吃飯從此歡笑如初前隙盡釋矣金竺虔報滿用知縣現住小珊家喉痛月餘現已全好李筆峯在湯家如故易蓮舫要出門就館現亦甚用功亦學倭艮峯者也同鄉李石梧已升陝西巡撫兩大將軍皆鎖拏解京治罪擬斬監候

𠸄夷之事業已和撫去銀二千一百萬兩又各處讓他碼頭五處現在𠸄夷已全退矣兩江總督牛鑑亦鎖解刑部治罪近事大略如此容再續書兄國藩手具

道光二十二年十一月十七日

男國藩跪稟父母親大人萬福金安十月廿七日發第十二號信不知到否男在京身體甚好男婦亦如常孫男日益發胖毫無小恙孫女於昨十五日滿週一年之內無半點累大人之處眞可謂易養者也合寓上下平安海疆平定以來政簡人和雍熙如舊廖鈺夫師署漕運總督兼署南河總督弈山弈經並擬斬監候罪滿協辦大學士敬徵補授漢大學士尚未宣麻今年南

河決口河督麟慶革職現放潘錫恩爲總河同鄉京官並皆如常其餘瑣事詳載諸弟信中不敢上瀆男謹稟

道光二十二年十一月十七日

諸位賢弟足下十月廿七日寄弟書一封內信四葉鈔倭艮峯先生日課三葉鈔詩二葉已改寄蕭莘五先生處不由莊五爺公館矣不知已到無誤否十一月前八日已將日課鈔與弟閱嗣後每次家信可鈔三葉付回日課本皆楷書一筆不苟惜鈔回不能作楷書耳馮樹堂進功最猛余亦教之如弟知無不言可惜九弟不能在京與樹堂日日切磋余無日無刻不太息也九弟在京年半余嬾散不努力九弟去後余乃稍能立志蓋余

實負九弟矣余嘗語岱雲曰余欲盡孝道更無他事我能教諸弟進德業一分則我之孝有一分能教諸弟進十分則我孝有十分若全不能教弟成名則我大不孝矣九弟之無所進是我之大不孝也惟願諸弟發奮立志念念有恆以補我不孝之罪幸甚幸甚岱雲與易五近亦有日課冊惜其識不甚超越余雖日日與之談論渠究不能悉心領會頗疑我言太夸然岱雲近極勤奮將來必有所成何子敬近待我甚好常彼此作詩唱和蓋因其兄欽佩我詩且談字最相合故子敬亦改容加禮子貞現臨隸字每日臨七八葉今年已千葉矣近又考訂漢書之譌每日手不釋卷蓋子貞之學長於五事一曰儀禮精二曰漢書

熟三曰說文精四曰各體詩好五曰字好此五事者渠意皆欲有所傳於後以余觀之此三者余不甚精不知淺深究竟何如若字則必傳千古無疑矣詩亦遠出時手之上不能卓然成家近日京城詩家頗少故余亦欲多做幾首金竺虔在小珊家住頗有面善心非之隙唐詩甫亦與小珊有隙余現仍與小珊來往泯然無嫌但心中不甚愜洽耳曹西垣與鄒雲陔十月十六起程現尚未到湯海秋久與之處其人誕言太多十句之中僅一二句可信今冬嫁女二次一係杜蘭溪之子一係李石梧之子入贅黎樾翁亦有次女招贅其婿雖未讀書遠勝於馮舅矣李筆峯尚館海秋處因代考供事得銀數十衣服煥然一新王

翰城捐知州去大錢八千串何子敬捐知縣去大錢七千串皆於明年可選實缺黃子壽處本日去看他工夫甚長進古文有才華好買書東翻西閱涉獵頗多心中已有許多古董何世兄亦甚好沈潛之至天分不高將來必有所成吳竹如近日未出城余亦未去蓋每見則耽閣一天也其世兄亦極沈潛言動中禮現在亦學倭艮峯先生吾觀何吳兩世兄之姿質與諸弟相等遠不及周受珊黃子壽而將來成就何吳必更切實此其故諸弟能看書自知之願諸弟勉之而已此數人者皆後起不凡之人才也安得諸弟與之聯鑣並駕則余之大幸也季仙九先生到京服闋待我甚好有青眼相看之意同年會課近皆懶散

而十日一會如故余今年過年尚須借銀百五十金以五十還杜家以百金用李石梧到京交出長郡館公費即在公項借用免出外開口更好不然則尚須張羅也門上陳升一言不合而去故余作傲奴詩現換一周升作門上頗好余讀易旅卦喪其童僕象曰以旅與下其義喪也解之者曰以旅與下者謂視童僕如旅人刻薄寡恩漠然無情則童僕亦將視主上如逆旅矣余待下雖不刻薄而頗有視如逆旅之意故人不盡忠以後余當視之如家人手足也分雖嚴明而情貴周通賢弟待人亦宜知之余每聞摺差到輒望家信不知能說法多寄幾次否若寄信則諸弟必須詳寫日記數天幸甚余寫信亦不必代諸弟多立課程蓋恐多看則生厭故但將余近日實在光景寫示而已伏惟諸弟細察

道光二十二年十二月二十日

男國藩跪稟父母親大人萬福金安十二月十四奉到十月初七手諭敬悉一切芝妹又小產男恐其氣性太躁有傷天和亦於生產有礙以後須平心和氣伏望大人教之朱備之世兄任寶慶同知其人渾樸京師頗有笑其憨者實則篤厚君子也龍見田年伯來京男請酒渠辭不赴意欲再請翰臣待明春始辦席也在省未送程儀待見面可說明漆壽具既用黃二漆匠亦好男斷不與此等小人計較但恐其不盡心耳間瓷灰不可多用

多用則積久易脫不如多漆厚漆有益無損不知的否以後每年四具必須同漆一次男每年必付四兩銀至家專爲買漆之用九弟前帶回銀十兩爲堂上吃肉之費不知已用完否男等及孫男女身體俱如常今年用費共六百餘金絕不窘手左右逢原綽有餘裕另有寄弟信詳言之正月祖父大人七十大壽男已作壽屏兩架明年有便可付回一架今年京察京城各衙門京察堂官出考語列等第取一等者即外放道府湖南惟黎樾喬得一等翰林未滿三年俸者例不京察同鄉黃茀卿兄弟到京收到茶葉一簍重廿斤儘可供二年之食惟托人東西太大不免累贅心實不安而渠殊不介意也在京一切自知謹慎男謹稟

道光二十二年十二月二十日

諸位賢弟足下十一月十七寄第三號信想已收到 父親到縣納漕諸弟何不寄一信交縣城轉寄省城也以後凡遇有便即須寄信切要切要九弟到家徧走各親戚家必各有一番景況何不詳以告我四妹小產以後生育頗難然此事最大斷不可以人力勉強勸渠家只須聽其自然不可過於矜持又聞四妹起最晏往往其姑反服事他此反常之事最足折福天下未有不孝之婦而可得好處者諸弟必須時勸導之曉之以大義諸弟在家讀書不審每日如何用功余自十月初一立志自新以來雖懶惰如故而每日楷書寫日記每日讀史十葉每日記

茶餘偶談一則此三事未嘗一日間斷十月廿一日立誓永戒喫水煙洎今已兩月不喫煙已習慣成自然矣予自立課程甚多惟記茶餘偶談讀史十葉寫日記楷本此三事者誓終身不間斷也諸弟每人自立課程必須有日日不斷之功雖行船走路俱須帶在身邊予除此三事外他課程不必能有成而此三事者將終身以之前立志作曾氏家訓一部曾與九弟詳細道及後因採擇經史若非經史爛熟胸中則割裂零碎毫無線索至於採擇諸子各家之言尤爲浩繁雖鈔數百卷猶不能盡收然後知古人作大學衍義衍義補諸書乃胸中自有條例自有議論而隨便引書以證明之非翻書而徧鈔之也然後知著書

之難故暫且不作曾氏家訓若將來胸中道理愈多議論愈貫串仍當爲之現在朋友愈多講躬行心得者則有鏡海先生艮峯前輩吳竹如竇蘭泉馮樹堂窮經知道者則有吳子序邵蕙西講詩文字而藝通於道者則有何子貞才氣奔放則有湯海秋英氣逼人志大神靜則有黃子壽又有王少鶴(名錫振廣西主事年廿七歲張筱浦之妹夫)朱廉甫(名琦廣西乙未翰林)吳莘畬(名尚志廣東人吳撫臺之世兄)龐作人(名文壽浙江人)此四君者皆聞予名而先來拜雖所造有淺深要皆有志之士不甘居於庸碌者也京師爲人文淵藪不求則無之愈求則愈出近來聞好友甚多予不欲先去拜別人恐徒標榜虛聲蓋求友以匡己之不逮此大益也標榜以盜虛名是大損也天

下有益之事即有足損者寓乎其中不可不辨黃子壽近作選將論一篇共六千餘字眞奇才也子壽戊戌年始作破題而六年之中遂成大學問此天分獨絕萬不可學而至諸弟不必震而驚之予不願諸弟學他但願諸弟學吳世兄何世兄吳竹如之世兄現亦學艮峯先生寫日記言有矩動有法其靜氣實實可愛何子貞之世兄每日自朝至夕總是溫書三百六十日除作詩文時無一刻不溫書眞可謂有恆者矣故予從前限功課教諸弟近來寫信寄弟從不另開課程但教諸弟有恆而已蓋士人讀書第一要有志第二要有識第三要有恆有志則斷不甘爲下流有識則知學問無盡不敢以一得自足如河伯之觀海如井蛙之窺天皆無識者也有恆則斷無不成之事此三者缺一不可諸弟此時惟有識不可以驟幾至於有志有恆則諸弟勉之而已予身體甚弱不能苦思苦思則頭暈不耐久坐久坐則倦乏時時屬望惟諸弟而已明年正月恭逢　祖大人七十大壽京城以進十爲正慶予本擬在戲園設壽筵寳蘭泉及艮峯先生勸止之故不復張筵蓋京城張筵唱戲名爲慶壽實則打把戲蘭泉之勸止正以此故現在作壽屏兩架一架湻化箋四大幅係何子貞撰文並書字有茶碗口大一架冷金箋八小幅係吳子序撰文予自書湻化箋係　內府用紙紙厚如錢光彩耀目尋常琉璃廠無有也昨日偶有之因買四張子貞字

甚古雅惜太大蕙不能寄回奈何奈何姪兒甲三體日胖而頗蠢夜間小解知自報不至於溼牀褥女兒體好最易扶攜全不勞大人費心力今年冬間賀耦庚先生寄卅金李雙圃先生寄廿金其餘尚有小進項湯海秋又自言借百金與我用計還清蘭溪寄雲外尚可寬裕過年統計今年除借會館房錢外僅借百五十金岱雲則略多些岱雲言在京已該賬九百餘金家中亦有此數將來正不易還寒士出身不知何日是了也我在京該賬尚不過四百金然苟不得差則日見日緊矣書不能盡言惟諸弟鑒察兄國藩手草

課程

主敬 整齊嚴肅無時不懼無事時心在腔子裏應事時專一不雜

靜坐 每日不拘何時靜坐一會體驗靜極生陽來復之仁心正位凝命如鼎之鎮

早起 黎明即起醒後勿沾戀

讀書不二 一書未點完斷不看他書東翻西閱都是狥外為人

讀史 廿三史每日讀十葉雖有事不間斷

寫日記 須端楷凡日間過惡身過心過口過皆記出終身不間斷

日知其所亡 每日記茶餘偶談一則分德行門學問門經濟門藝術門

月無忘所能 每月作詩文數首以驗積理之多寡養氣之盛否

謹言 刻刻留心

養氣 無不可對人言之事氣藏丹田

保身謹遵大人手諭節慾節勞節飲食

作字早飯後作字凡筆墨應酬當作自己功課

夜不出門曠功疲神切戒切戒

道光二十三年正月十七日

男國藩跪稟父母親大人萬福金安正月八日恭慶祖父母雙壽男去臘作壽屏二架今年同鄉送壽對者五人拜壽來客四十人早麪四席晚酒三席未吃晚酒者於十七日廿日補請二席又倩人畫椿萱重蔭圖觀者無不嘆羨男身體如常新年應酬太繁幾至日不暇給媳婦及孫兒女俱平安正月十五接到四弟六弟信四弟欲偕季弟從汪覺庵師遊六弟欲偕九弟至省城

讀書男思大人家事日煩必不能常在家塾照管諸弟且四弟天分平常斷不可一日無師講書改詩文斷不可一課耽閣伏望堂上大人俯從男等之請即命四弟季弟從覺庵師其束修銀男於八月付回兩弟自必加倍發奮矣六弟實不羈之才鄉間孤陋寡聞斷不足以啟其見識而豎其志向且少年英銳之氣不可久挫六弟不得入學既挫之矣欲進京而男阻之再挫之矣若又不許肄業省城則毋乃太挫其銳氣乎伏望堂上大人俯從男等之請即命六弟九弟下省讀書其費用男於二月間付銀廿兩至金竺虔家夫家和則福自生若一家之中兄有言弟無不從弟有請兄無不應和氣蒸蒸而家不興者未之有

也反是而不敗者亦未之有也伏望大人察男之志即此敬稟
叔父大人恕不另具六弟將來必爲叔父克家之子即爲吾族
光大門第可喜也謹述一二餘俟續稟

道光二十三年正月十七日

諸位老弟足下正月十五日接到四弟六弟九弟十二月初五
日所發家信四弟之信三葉語語平實責我待人不恕甚爲切
當謂月月書信徒以空言責弟輩卻又不能實有好消息令
堂上閱兄之書疑弟輩粗俗庸碌使弟輩無地可容云云此數
語兄讀之不覺汗下我去年曾與九弟閒談云爲人子者若使
父母見得我好些謂諸兄弟俱不及我這便是不孝若使族黨

稱道我好些謂諸兄弟俱不如我這便是不弟何也蓋使父母
心中有賢愚之分使族黨口中有賢愚之分則必其平日有討
好底意思暗用機計使自己得好名聲而使其兄弟得壞名聲
必其後日之嫌隙由此而生也劉大爺劉三爺兄弟皆想做好
人卒至視如仇讐因劉三爺得好名聲於父母族黨之間而劉
大爺得壞名聲故也今四弟之所責我者正是此道理我所以
讀之汗下但願兄弟五人各各明白這道理彼此互相原諒兄
以弟得壞名爲憂弟以兄得好名爲快兄不能使弟盡道得令
名是兄之罪弟不能使兄盡道得令名是弟之罪若各各如此
存心則億萬年無纖芥之嫌矣至於家塾讀書之說我亦知其

然今番此意而不輕談近得何子貞意見極相合偶談一二句兩人相視而笑不知六弟乃生成有此一枝妙筆往時見弟文亦無大奇特者今觀此信然後知吾弟真不凡也歡喜無極歡喜無極凡兄所有志而不能為者吾弟皆可為之矣信中言兄與諸君子講學恐其漸成朋黨所見甚是然弟盡可放心兄最怕標榜常存闇然尚絅之意斷不至有所謂門戶自表者也信中言四弟浮躁不虛心亦切中四弟之病四弟當視為良友藥石之言信中又有荒蕪已久甚無紀律二語此甚不是臣子於君親但當稱揚其美不可道及過錯但當諭親於道不可此議細節兄從前常犯此大惡但尚是腹誹未曾形之筆墨如今思之不孝孰大乎是常與陽牧雲并九弟言及之以後寫與請弟痛懲此大罪六弟接到此信立即至　父親前磕頭并代我磕頭請罪信中又言弟之牢騷非小人之熱中乃志士之惜陰讀至此不勝惘然恨不得生兩翅飛到家將老弟勸慰一番縱談數日乃快然向使諸弟已入學則謠言必謂學院做情眾口鑠金何從辨起所謂塞翁失馬安知非福科名遲早實有前定雖惜陰念切正不必以虛名縈懷耳來信言看禮記疏一本半浩浩茫茫苦無所得今已盡棄不敢復閱現讀朱子綱目日十餘葉云云說到此處兄不勝悔恨恨早歲不曾用功如今雖欲教弟譬盲者而欲導人之迷途也求其不誤難矣然兄最

好苦思又得諸益友相質證於讀書之道有必不可易者數端窮經必專一經不可泛騖讀經以研尋義理爲本考据名物爲末讀經有一耐字訣一句不通不看下句今日不通明日再讀今年不精明年再讀此所謂耐也讀史之法莫妙於設身處地每看一處如我便與當時之人酬酢笑語於其間不必人人皆能記也但記一人則恍如接其人不必事事皆能記也但記一事則恍如親其事經以窮理史以考事舍此二者更別無學矣蓋自西漢以至於今識字之儒約有三途曰義理之學曰考据之學曰詞章之學各執一途互相詆毀兄之私意以爲義理之學最大義理明則躬行有要而經濟有本詞章之學亦所以發

揮義理者也考据之學吾無取焉矣此三途者皆從事經史各有門徑吾以爲欲讀經史但當研究義理則心一而不紛是故經則專守一經史則專熟一代讀經史則專主義理此皆守約之道確乎不可易者也若夫經史而外諸子百家汗牛充棟或欲閱之但當讀一人之專集不當東翻西閱如讀昌黎集則目之所見耳之所聞無非昌黎以爲天地間除昌黎集而外更別無書也此一集未讀完斷斷不換他集亦專字訣也六弟謹記之讀經讀史讀專集講義理之學此有志者萬不可易者也聖人復起必從吾言矣然此亦僅爲有大志者言之若夫爲科名之學則要讀四書文讀試帖律賦頭緒甚多四弟九弟厚二弟

天質較低必須爲科名之學六弟既有大志雖不科名可也但當守一耐字訣耳觀來信言讀禮記疏似不能耐者勉之勉之兄少時天分不甚低厥後日與庸鄙者處全無所聞竅被茅塞久矣及乙未到京後始有志學詩古文并作字之法亦洎無良友近年得一二良友知有所謂經學者經濟者有所謂躬行實踐者始知范韓可學而至也馬遷韓愈亦可學而至也程朱亦可學而至也慨然思盡滌前日之污以爲更生之人以爲父母之肖子以爲諸弟之先導無如體氣本弱耳鳴不止稍稍用心便覺勞頓每自思念天既限我以不能苦思是天不欲成我之學問也故近日以來意頗疏散計今年若可得一差能還一切

舊債則將歸田養親不復戀戀於利祿矣麤識幾字不敢爲非以蹈大戾已耳不復有志於先哲矣吾人第一以保身爲要我所以無大志願者恐用心太過足以疲神也諸弟亦須時時以保身爲念無忽無忽來信又駁我前書謂必須博雅有才而後可明理有用所見極是兄前書之意蓋以躬行爲重卽子夏賢賢易色章之意以爲博雅者不足貴惟明理者乃有用特其立論過激耳六弟信中之意以爲不博雅多聞安能明理有用立論極精但弟須力行之不可徒與兄辯駁見長耳來信又言四弟與季弟從遊覺菴師六弟九弟仍來京中或肄業城南云云兄之欲得老弟共住京中也其情如孤雁之求曹也自九弟辛

來甚好目前且從次策如六弟不以爲然則再寫信來商議可也此答六弟信之大畧也九弟之信寫家事詳細惜話說太短兄則每每太長以後截長補短爲妙堯階若有大事諸弟隨去一人幫他幾天牧雲接我長信何以全無回信毋乃嫌我話太直乎扶乩之事全不足信九弟總須立志讀書不必想及此等事季弟一切皆須聽諸兄話此次摺弁走甚急不暇鈔日記本餘容後告馮樹堂聞弟將到省城寫一薦條薦兩朋友弟留心訪之可也

道光二十三年二月十九日

男國藩跪稟父親大人萬福金安正月十七日男發第一號家

信內呈堂上信三頁覆諸弟信九頁教四弟與厚二從汪覺菴師六弟九弟到省從丁秩臣諒已收到二月十六日接到家信第一號係新正初三交彭山屺者敬悉一切去年十二月十一祖父大人忽患腸風賴神靈默佑得以速痊然遊子聞之尚覺心悸六弟生女自是大喜初八日恭逢壽誕男不克在家慶祝心尤依依諸弟在家不聽教訓不甚發奮男觀諸弟來信即已知之蓋諸弟之意總不願在家塾讀書自己亥年男在家時諸弟即有此意牢不可破六弟欲從男進京男因散館去留未定故比時未許庚子年接家眷即請弟等送意欲弟等來京讀書也特以祖父母父母在上男不敢專擅故但寫諸弟而不指定

何人造九弟來京其意願遂而四弟六弟之意尚未遂也年年株守家園時有躭閣大人又不能常在家教之近地又無良友考試又不利兼此數者怫鬱難申故四弟六弟不免怨男其可以怨男者有故丁酉在家教弟威克厥愛可怨一矣已亥在家未嘗教弟一字可怨二矣臨進京不肯帶六弟可怨三矣不爲弟另擇外傅僅延丹閣叔教之拂厥本意可怨四矣明知兩弟不願家居而屢次信回勸弟寂守家塾可怨五矣惟男有可怨者五端故四弟六弟難免內懷隱衷前此含意不申故從不寫信與男去臘來信甚長則盡情吐露矣男接信時又喜又懼喜者喜弟志氣勃勃不可遏也懼者懼男再拂弟意將傷和氣矣

兄弟和雖窮氓小戶必興兄弟不和雖世家宦族必敗男深知此理故稟堂上各位大人俯從男等兄弟之請男之意實以和睦兄弟爲第一九弟前年欲歸男百般苦畱至去年則不復強畱亦恐拂弟意也臨別時彼此戀戀情深似海故男自九弟去後思之尤切信之尤深謂九弟縱不爲科目中人亦當爲孝弟中人兄弟人人如此可以終身互相依倚則雖不得祿位亦何傷哉恐堂上大人接到男正月信必且驚而怪之謂兩弟到衡陽兩弟到省何其不知艱苦擅自專命殊不知男爲兄弟和好起見故復縷陳一切並恐大人未見四弟六弟來信故封還附呈總願堂上六位大人俯從男等三人之請而已伏讀手諭謂

男教弟宜明言責之不宜瑣瑣告以閱歷工夫男自憶連年教弟之信不下數萬字或明責或婉勸或博稱或約指知無不言總之盡心竭力而已男婦孫男女身體皆平安伏乞放心男謹稟

道光二十三年三月十九日

諸位老弟足下正月間曾寄一信與諸弟想已收到二月發家信時甚匆忙故無信與弟三月初六巳刻奉　上諭於初十日大考翰詹余心甚著急緣寫作俱生恐不能完卷不圖十三日早見等第單余名次二等第一遂得仰荷　天恩賞擢不次以翰林院侍講升用格外之　恩非常之榮將來何以報稱惟有

時時惶悚思有補於萬一而已茲因金竺虔南旋之便付回五品補服四付水晶頂二品阿膠二封鹿膠二封　母親耳環一雙竺虔到省時老弟照單查收阿膠係毛寄雲所贈最為難得之物家中須慎重用之竺虔曾借余銀四十兩言定到省即還其銀以廿二兩為六弟九弟讀書省城之資以四弟為買書買筆之資以六兩為四弟季弟衡陽從師束修之資以四兩為買漆之費即每歲漆一次之謂也以四兩為歐陽太岳母奠金賢弟接到銀後各項照數分用可也此次竺虔到家大約在五月節後故一切不詳寫待摺差來時另寫一詳明信付回大約四月半可到賢弟在省如有欠用之物可寫信到京要我付回另

付回大考名次及升降一單照收餘不具述兄國藩手草

道光二十三年三月廿三日

孫男國藩跪稟祖父母大人萬福金安二月十九日孫發第二號家信三月十九日發第三號交金竺虔想必五月中始可到省孫以下闔家皆平安三月初六日奉 上諭於初十日大考翰詹在圓明園正大光明殿考試孫初聞之心甚驚恐蓋久不作賦字亦生疏向來大考大約六年一次此次自己亥歲二月大考到今僅滿四年萬不料有此一舉故同人聞 命下之時無不惶悚孫與陳岱雲等在闈同寓初十日卯刻進場酉正出場題目另紙敬錄詩賦亦另謄出通共翰詹一百二十七人告病

不入場者三人(邵燦己亥湖南主考錫麟江泰來安徽人)病愈仍須補考在殿上搜出夾帶比交刑部治罪者一人名如山(戊戌同年)其餘皆整齊完場十一日 皇上親閱卷一日十二日 欽派閱卷大臣七人閱畢擬定名次進呈 皇上欽定一等五名二等五十五名三等五十六名四等七名孫蒙 皇上天恩拔取二等第一名湖南六翰林二等四人三等二人另有全單十四日引見共升官者十一人記名候升者五人賞緞者十九人(升官者不賞緞)孫蒙 皇上格外天恩升授翰林院侍講十七日謝 恩現在尚未補缺有缺出即應孫補其他升降賞賚另有全單湖南以大考升官者從前(雍正二年)惟陳文肅公(名大受乾隆朝宰相)一等第一以編修升侍讀近

來道光十三年胡雲閣先生二等第四以學士升少詹並孫三人而已孫名次不如陳文肅之高而升官與之同此 皇上破格之恩也孫學問膚淺見識庸鄙受 君父之厚恩蒙 祖宗之德蔭將來何以爲報惟當竭力盡忠而已金竺虔於昨廿一日回省孫託帶五品補服四付水晶頂戴二座阿膠一斤半鹿膠一斤耳環一雙外竺虔借銀五十兩卽以付回昨在竺虔處寄第三號信信面信裏皆寫銀四十兩發信後渠又借去十兩故前後二信不符竺虔於五月半可到省若六弟九弟在省則可面交若無人在省則家中專人去取或諸弟有高興到省者亦妙今年考差大約在五月中旬孫擬於四月半下園用功孫婦現已有喜約七月可分娩曾孫兄弟並如常寓中今年添用一老嫗用度較去年略多此次升官約多用銀百兩東扯西借尚不窘迫不知有邯鄲報來家否若其已來開銷不可太多孫十四引 見渠若於廿八以前報到是眞邯鄲報賞銀四五十兩可也若至四月始報是省城僞報賞數兩足矣但家中景況不審何如伏懇示悉爲幸孫跪稟

道光二十三年四月二十日

男國藩跪稟父親大人萬福金安三月廿日男發第三號信廿四日發第四號信諒已收到託金竺虔帶回之物諒已照信收到男及男婦孫男女皆平安如常男因身子不甚壯健恐今年

得差勞苦故現服補藥預爲調養已作丸藥二單考差尚無信大約在五月初旬四月初四御史陳公上摺直諫此近日所僅見朝臣仰之如景星慶雲茲將摺稿付回三月底盤查 國庫不對數銀九百二十五萬兩歷任庫官及查庫御史皆革職分賠查庫王大臣亦攤賠此從來未有之巨案也湖南查庫御史有石承藻劉夢蘭二人查庫大臣有周系英劉權之何凌漢三人已故者令子孫分賠何家須賠銀三千兩同鄉唐詩甫李杜選陝西靖邊縣於四月廿一出京王翰城選山西冀甯州知州於五月底可出京餘俱如故男二月接信後至今望信甚切男謹稟

道光二十三年六月初六日

孫男國藩跪稟祖父母大人萬福金安四月廿日孫發第五號家信不知到否五月廿九接到家中第二號信係三月初一發六月初二日接第三號信係四月十八發的具悉家中老幼平安百事順遂欣幸之至六弟下省讀書從其所願情意既暢志氣必奮將來必大有成可爲叔父預賀祖父去歲曾賜孫手書今年又已半年不知目力何如下次信來仍求親筆書數語示孫大考喜信不知開銷報人錢若干孫自今年來身體不甚好幸加意保養得以無恙大考以後全未用功五月初六日考差孫妥帖完卷雖無毛病亦無好處前題使諸大夫國人皆有所矜

式經題天下有道則行有枝葉詩題賦得角黍得經字共二百四十一人進場初八日派閱卷大臣十二人每人分卷廿本傳聞取七本不取者十三本彌封未拆故閱卷者亦不知所取何人所黜何人取與不取一概進　呈恭候　欽定外間謠言某人第一某人未取俱不足憑總待放差後方可略測端倪亦有眞第一而不得有眞未取而得差者靜以聽之而已同鄉考差九人皆妥當完卷六月初一放雲南主考龔寶蓮（辛丑榜眼）段大章（戊戌同年）貴州主考龍元僖王桂（庚子湖南主考）孫在京平安孫婦及曾孫兄妹皆如常前所付銀諒已到家高麗參目前難寄容當覓便寄回六弟在城南孫已有信託陳堯農先生同鄉官皆如舊黃正齋坐糧船來已於六月初三到京餘容後稟

道光二十三年六月六日

溫甫六弟左右五月廿九六月初一連接弟三月初一四月廿五五月初一三次所發之信幷四書文二首筆仗實實可愛信中有云於兄弟則直達其隱父子祖孫間不得不曲致其情此數語有大道理余之行事每自以爲至誠可質天地何妨直情徑行昨接四弟信始知家人天親之地亦有時須委曲以行之者吾過矣吾過矣香海爲人最好吾雖未與久居而相知頗深爾以兄事之可也丁秩臣王衡臣兩君吾皆未見大約可爲爾之師或師之或友之在弟自爲審擇若果威儀可則湻實宏通

師之可也若僅博雅能文友之可也或師或友皆宜常存敬畏之心不宜視爲等夷漸至慢褻則不復能受其益矣爾三月之信所定功課太多多則必不能專萬萬不可後信言已向陳季牧借史記此不可不熟看之書爾既看史記則斷不可看他書功課無一定呆法但須專耳余從前教諸弟常限以功課近來覺限人以課程往往強人以所難苟其不願雖日日遵照限程亦復無益故近來教弟但有一專字耳專字之外又有數語教弟茲特將冷金箋寫出弟可貼之座右時時省覽幷抄一付寄家中三弟香海言時文須學東萊博議甚是弟先須過筆圈點一徧然後自選幾篇讀熟卽不讀亦可無論何書總須從首至尾通看一徧不然亂翻幾葉摘抄幾篇而此書之大局精處茫然不知也學詩從中州集入亦好然吾意讀總集不如讀專集此事人人意見各殊嗜好不同吾之嗜好於五古則喜讀文選於七古則喜讀昌黎集於五律則喜讀杜集七律亦最喜杜詩而苦不能步趨故兼讀元遺山集吾作詩最短於七律他體皆有心得惜京都無人可與暢語者爾要學詩先須看一家集不要東翻西閱先須學一體不可各體同學蓋明一體則皆明也淩笛舟最善爲律詩若在省爾可就之求教習字臨千字文亦可但須有恆每日臨帖一百字萬萬無間斷則數年必成書家矣陳季牧最喜談字且深思善悟吾見其寄岱雲信實能知寫

不安樂無一時不順適下而兄弟妻子皆藹然有恩秩然有序此真大學問也若詩文不好此小事不足計即好極亦不值一錢不知賢弟肯聽此語否科名之所以可貴者謂其足以承堂上之歡也謂祿仕可以養親也今吾已得之矣即使諸弟不得亦可以承歡可以養親何必兄弟盡得哉賢弟若細思此理但於孝弟上用功不於詩文上用功則詩文不期進而自進矣凡作字總須得勢務使一筆可以走千里三弟之字筆筆無勢是以局促不能遠縱去年曾與九弟說及此近來已忘之矣九弟欲看余白摺余所寫摺子甚少故不付大銅尺已經尋得付筆回南目前實無妙便俟秋間定當付還去年所寄牧雲信未寄

去但其信前半勸牧雲用功後半勸牧雲莫看地實有道理弟可將其信抄一遍仍交與他但將紡棉花一段刪去可也仙為人主葬害人一家喪良心不少未有不家敗人亡者不可不力阻牧雲也至於紡棉花之說如直隸之三河縣靈壽縣無論貧富男婦人人紡布為生如我境之耕田為生也江南之婦人耕田猶三河之男人紡布也湖南如瀏陽之夏布衡陽之[illegible]布安昌之棉布皆無論貧富男婦人人依以為業此并不足為駭異也寬風俗雜以遠變必至驕人聽聞不如一刪去一段為妙

書不盡言　兄國藩手草

曾文正公家書卷一　終